- Nicole Engelhardt-

„Der Weg in ein positives und erfülltes Leben"

Think Pink

Bibliografische Information der Deutschen Nationalbibliothek:
Die Deutsche Nationalbibliothek verzeichnet diese Publikation in der Deutschen Nationalbibliografie; detaillierte bibliografische Daten sind im Internet über http://dnb.dnb.de abrufbar.

1. Auflage © 2017 Nicole Engelhardt
Satz: www.neck-lebensart.de
Fotos: Nicole Engelhardt, Portraits: Dirk Münzberg
Covergestaltung: www.grafikschmie.de
Verlag und Herstellung: BoD – Books on Demand, Norderstedt

ISBN 978-3-7431-1189-9

„HEUTE, hier und JETZT beginnt DEINE Zukunft,
sei kreativ, verrückt, überrasche Dich selbst.
Gestalte Dir Deine Zukunft
so bunt und schön,
wie es für Dich am besten ist und Dir GUT tut!"

Nicole Engelhardt

Diese Auflage möchte ich all den Menschen widmen, die an mich glauben, die mich in meiner Einstellung motivieren und bestätigen, in jeder Lage und zu jeder Zeit als Fels in der Brandung für mich da waren und immer da sind. Menschen, die gemeinsam mit mir, meine Gedanken umgesetzt und getestet haben, die mein Leben umso vieles verschönerten, ebenso bereicherten. Danke, es ist wundervoll dass es euch gibt. Ihr seid ein Geschenk des Himmels. Besonders und der größte Dank gilt hierbei meinem Mann Timo Engelhardt und unseren beiden Kindern.

Nicole Engelhardt

DER WEG
in ein positives und erfülltes Leben

7 Tipps, die Ihre Lebensqualität verbessern werden

Nicole Engelhardt hat es sich zur Aufgabe gemacht, so viele Menschen wie möglich, mit **Think Pink** und Ihrer positiven Lebenseinstellung, ebenso Ausstrahlung zu einem besseren Leben zu bewegen, zu mehr Freude, Lebensqualität und Motivation für die Dinge, die einem selbst am wichtigsten sind.

In Ihrem Umfeld wird Sie als eine Muse, die positive Energie, ein persönlicher Motivator, die **Think Pink Tankstelle** wahrgenommen. Als eine Person, die in allem etwas Positives sucht und findet. Mit Interesse und Wachheit stellt Sie sich jeder Herausforderung.

Seit über 10 Jahren begeistert Sie 1000ende Menschen, in Ihren Workshops, dem „**Think Pink Group Day**" oder mit Ihrer eigens kreierten Technik dem „LIGA-Prinzip der Persönlichkeit". Lassen Sie sich überraschen, seien Sie gespannt, erhalten Sie erste Impulse zu mehr Lebensqualität.

ÜBERSICHT

FREUDE 11

ERFAHRUNG 15

POSITIVES 19

Die Botschaft.. 25

Der Saal der tausend Spiegel................................ 27

Schubladen – Denken.. 29

Eine Reise nach dem Sinn des Lebens 41

Das Ziel vor Augen.. 57

Spaß macht's möglich 71

Dank sei Ihnen.. 81

Das LIGA-Prinzip der Persönlichkeit 86

Quellenverzeichnis / Literatur.............................. 88

„Es gibt nur ein Anzeichen für Weisheit:
gute Laune, die anhält."

Arabisches Sprichwort

FREUDE

Herzlich Willkommen, mein Name ist Nicole Engelhardt! Mein Ziel ist es, Sie für eine etwas andere Perspektive, ein neues und positiveres Lebensgefühl zu begeistern. Ihnen einen Weg zu zeigen, wie Sie zu einem positiveren und erfüllterem Leben gelangen.

- Haben Sie Spaß an und in Ihrem Leben?
- Was tun Sie, um möglichst viele positive Erfahrungen sammeln zu können?
- Möchten Sie später ebenfalls einmal auf Ihr Leben zurückblicken können und erkennen, dass es eine Menge unvergesslicher Glücksmomente gab, die Sie gelebt haben? Und was Sie alles in Ihrem Leben erreichten?

In den folgenden Abschnitten erfahren Sie, wie Sie Think Pink in Ihr Leben und Ihren Alltag integrieren, Sie künftig negativen Einstellungen trotzen und daraus positive Situationen erschaffen können. Sie erhalten einige meiner wichtigsten Rubine für mehr **Lebensqualität, Glück, Zufriedenheit, Motivation** und fördern zugleich Ihre eigene Persönlichkeit.
Ich bin begeistert, finde es Klasse, dass Sie bereit sind diese Zeilen zu lesen und somit Ihre freie Zeit nutzen, um heute, hier und jetzt bewusst in Ihre Zukunft zu investieren. Sie haben meinen größten Respekt und meine Anerkennung.
Nicht viele Menschen, sehen sich berufen, sich selbst etwas Gutes zu tun. Ich gehörte lange Zeit auch zu diesen Personen, bis ich mich eines Tages für einen anderen und positiveren Weg entschied.

Als Dankeschön, das Sie sich nun ebenfalls diese Zeit nehmen, erhalten Sie von mir ein reichhaltiges und abwechslungsreiches Workbook an die Hand, gefüllt mit Informationen und jeder Menge Wissen. Dieses habe ich eigens und für Sie in den vergangenen Jahren zusammengetragen, teilweise selbst durchlebt und durch viele andere interessante Persönlichkeiten selbst erfahren dürfen. So, dass Sie am Ende dieses Buches, bereichert und mit positiver Einstellung, sowie neuen Impulsen und Visionen, energiegeladen und motiviert in eine neue, grandiose Zukunft starten können.
Sie allein entscheiden, wieviel und was Sie aus dieser Auswahl umsetzen, durchführen oder mitnehmen möchten.

Eines ist jedoch klar und das kann ich Ihnen bereits jetzt schon versprechen. Wenn Sie konzentriert und gewissenhaft bei den Übungen im Nachfolgenden mitmachen und Sie ernsthaft bereit sind für eine Verbesserung Ihrer Lebensqualität, dann steigt die Erfolgsrate bei der Umsetzung Ihrer Wünsche und Ziele auf ein Vielfaches. Denn immer in dem Moment, in welchem Sie sich mit sich selbst beschäftigen, beginnen Sie zu wachsen, an Reife, neuen Erkenntnissen und vor allem an Persönlichkeit.

Sie allein tragen die Verantwortung, ebenso die Entscheidung für Ihren Erfolg und ein glückliches, zufriedenes Leben.

Blicken wir beispielsweise auf ein Samenkorn. Welche Möglichkeit hat dieses? Nachdem ein Samenkorn in den Boden gesetzt wurde, hat es genau noch zwei Alternativen für die es sich entscheiden könnte. Mit Freude wachsen oder mit Angst warten was passiert. Dazu möchte ich Ihnen eine kurze Metapher erzählen. Ein Bauer säte Samen auf seinem Feld. Zwei Samenkörner, die nebeneinanderlagen, kamen ins Gespräch:
So sprach das eine; „Ich freue mich, wenn sich bald meine Sprossen durch die Erde bohren und die Sonne genießen können. Ich werde meine Knospen entfalten und immer größer und stärker werden."
Und so wuchs das eine Samenkorn heran und wurde immer größer, stärker und genoss die Sonnenstrahlen. Das zweite Samenkorn hingegen, hatte große Angst. Zuerst müsste es ja seine Wurzeln in die Erde bohren. Wer weiß was dort auf ihn im

Dunkeln warten würde? Und wenn es durch die Erde stoßen würde, oh nein, da könnte es vielleicht sogar eine Schnecke fressen. Nach langem Überlegen, entschied sich das ängstliche Samenkorn, erst einmal abzuwarten. Es wollte die Klarheit, dass auch wirklich alles sicher sei! Am Ende blieb der Samen jedoch was er war, bis ein Vogel kam und das Korn fraß.

Wie entscheiden Sie sich?
Welche Alternativen haben Sie?

Warten Sie nicht länger auf Ihr GLÜCK. Beginnen Sie es sich selbst zu gestalten. Konzentrieren Sie sich auf sich und das was Ihnen gut tut. Sobald dies auch noch beständig geschieht, bringen Sie automatisch mehr Lebensqualität, Erfolg und Freude in Ihr Leben und gleichzeitig in das Ihres Umfeldes.

Wie wollen Sie anderen etwas Gutes tun, wenn Sie es bei sich selbst nicht schaffen? Daher lernen Sie sich besser kennen und finden Sie Ihre Bestimmung, das was Sie von Herzen erfüllt und glücklich macht. Ich freue mich auf Ihre Erkenntnisse, positiven Ergebnisse sowie Ihre Alternative.

Viel Spaß.
Think Pink
Ihre Nicole Engelhardt

> „Selbst eine Reise von tausend Meilen, beginnt mit dem ersten Schritt." Chinesischer Philosoph, Laotse

„Auf jedem Weg warten Erfahrungen, die Dich Deinem Ziel näher bringen."

Nicole Engelhardt

ERFAHRUNG

Wie kommt es überhaupt dazu, dass gerade ich Ihnen etwas über Think Pink erzähle? Dazu lehnen Sie sich am besten einmal kurz zurück und ich berichte Ihnen wie alles begann, bevor es bei mir zu einem positiven Lebensgefühl und dem perfekten Weg für ein erfülltes Leben wurde. Gleichermaßen auch, warum am Ende eine positive Lebenseinstellung so wichtig und ausschlaggebend für eine glückliche, gesunde und zufriedene Zukunft ist.

Im Jahr 1992 wurde ich in den Kreis der Erwachsenen aufgenommen. So beschlossen meine Eltern, dass ich auch endlich mein eigenes Geld verdienen sollte. Ich selbst sah das damals anders, jedoch als sogenanntes Wendekind *(so definierten meine Eltern den Zustand zur damaligen Zeit),* verschafften Sie mir eine Lehrstelle im tiefen Schwarzwald. Wer schon einmal im Schwarzwald war, kann eventuell nachvollziehen, dass dies nicht unmittelbar die erste Adresse für Teenager im Alter von 14 Jahren war. Im Schwarzwald hatte sich diese These dann auch schnell bestätigt und mich ereilte ein Tiefschlag nach dem anderen. Am Ende, standen nicht einmal mehr meine eignen Eltern hinter mir. Im Gegenteil, für Sie war ich die ungehorsame und weit vom Weg abgekommene Tochter. Eingesperrt im Lehrbetrieb und den daraus folgenden vielen negativen Erfahrungen, wartete ich auf Besserung. Ich gab die Hoffnung nie auf. Ich glaubte fest daran, dass ich anders bin als alle von mir dachten. Ich wollte schon immer zu den Gewinnern gehören und allen beweisen, dass es auch anders geht. Das jeder selbst für sein Leben verantwortlich war. Es brachte also nichts, sich hinter dem zu verstecken, woher man kam, viel wichtiger war es mir immer herauszufinden, wohin ich will.

So suchte ich weiter nach der Erfüllung und Aufgabe meines Lebens. Was sich nicht als sehr einfach herausstellte. Ich begann eine Lehrstelle nach der anderen. Angetrieben von dem festen Glauben, dass ich alles und auch alleine schaffen kann, landete ich schlussendlich im Alter von 16 Jahren auf der Straße. Da stand ich nun „alleine" von den Eltern abgegeben, aus der Lehrstelle entlassen, ohne einen müden Pfennig. Erneut hinterfragte ich mich;

> *„Soll das mein „wohin ich will" sein?"*

NEIN, niemals war dies mein bestreben! Im Gegenteil, meine Vision war klar, schon immer wollte ich der Welt zeigen, dass man Systeme verändern kann, jeder selbst seines Glückes Schmied war.

Also fing ich erneut an mich zu motivieren, mich wieder aufzubauen und meinen Glauben auf das Gute zu lenken. Ich suchte mir eine Lehrstelle und beendete diese. Gestaltete mein Leben nach meinen Vorstellungen, konzentrierte mich auf alles was ich wirklich und aufrichtig wollte.

So beschloss ich zum Neujahr 2001 alles Negative abzulegen. Fortan schenkte ich meine vollkommene Aufmerksamkeit dem Thema „positives Denken". Was sich für meinen Freundeskreis, als eine sehr harte Schule erwies. Denn Sie konnten es irgendwann nicht mehr hören.

> *„Denk positiv",*
> *„Alles wird gut",*
> *„Du musst dran glauben",*
> *„positiv hier, positiv da, positiv, positiv,..."*

und so suchten einige für eine geraume Zeit das Weite. Am Ende jedoch, kamen alle und noch viel mehr zu mir zurück, bedankten sich für die vielen positiven Impulse, die Lebensfreude, Energie, den Glauben und sahen mich als Ihre Muse, die in allem etwas positives findet und somit das Leben wertvoller werden ließ, als Ihre persönliche Motivation und Energie Tankstelle.

Bis mir eines Tages jemand sagte:

„Du Nicole, lebst und artikulierst dich nicht nur positiv, du bist positiv und das in verkörperter Form. Einfach gesagt, bist du eben **Think Pink!"**

*„Lebe Dein Leben auf eine Art,
die zu Dir passt."*

Nicole Engelhardt

POSITIVES

Warum ist eine positive Lebenseinstellung so wichtig? Wir leben in einer immer schneller werdenden und wachsenden Gesellschaft. Wer hat denn heute überhaupt noch Zeit für die schönen Dinge im Leben? Kaum einer hat, oder besser nimmt sich noch Zeit, für Wachstum der eigenen, positiven Gefühlszustände. Somit bleibt Kraft, Freude, Liebe, Zufriedenheit, Spaß, Glück oder Energie oft komplett auf der Strecke.

Wann haben Sie denn das letzte Mal ein interessantes und sozialstarkes Gespräch unter Freunden, Familie oder einer anderen Vertrauensperson geführt. Früher traf man sich unendlich gern und regelmäßig zu derartigen Aussprachen, oder Umgangssprachlich zum „Kaffeeklatsch". Heute, sind die meisten Menschen in Ihrem Berufsleben so gefordert, dass kaum Reserven für schöne Erfahrungen bleiben, geschweige Platz zur Stärkung der eigenen Persönlichkeit. Vielen eröffnet sich noch nicht einmal die Möglichkeit nach persönlichen Kontakten.

Das einzige was in unserer Gesellschaft noch zählt, sind Erfolg, Arbeit und Finanzen. Ehrlich gesagt, kann und darf das nicht alles sein. Denn liegt der Fokus erst einmal nur auf diesen Dingen, dann dauert es nicht lange und der psychische Zustand verändert sich stark ins Negative. Ohne seelische Tankstellen, positive Anker, Dinge, die einem selbst gut tun, kann die eigene Energie nicht wieder aufgeladen werden.

> *„Entscheide Dich HEUTE, welche Art von MENSCHen Du in Dein Leben ziehen möchtest, denn diese werden Dich ab MORGEN begleiten!"* Nicole Engelhardt

Irgendeinen positiven Impuls benötigt jeder Mensch, um fit und motiviert zu bleiben. Die einen gleichen sich mit Sport aus, da dies ein prima Ventil ist, um angestauten Ärger und nicht gut gelaufenen Geschäfte oder auch Stress mit Vorgesetzten oder Kollegen zu verarbeiten. Andere wiederum finden neue Energie in dem sie sich zurückziehen, um gewisse Erfahrungen und Erlebnisse des Tages aufzuarbeiten. Ein Großteil der Menschen und ganz besonders Frauen, benötigen andere Personen, um sich im zwischenmenschlichen Austausch wieder mit positiver Energie aufzuladen.

Selbstverständlich motivieren erzielte Erfolge ebenso und spenden weiteren Antrieb, jedoch auf die Dauer fehlt eben auch da eine ganz bestimmte Komponente. Soziale Kontakte sind somit unabdingbar, ohne diese würde es bald sehr Düster in unserer Gesellschaft aussehen. Um daher positiv mit genug Energie, Kraft und guter Laune seine Lebensqualität aufbauen zu können, ist es hilfreich sich hin und wieder selbst zu hinterfragen, ob überhaupt noch alle wichtigen Bereiche des eigenen Lebens in Balance sind.

Der Einklang wird immer dann erreicht, wenn alle Bereiche seiner selbst im Gleichgewicht sind. Zu den wichtigsten, übergeordneten Lebensbereichen zählt man Familie, Gesundheit, Arbeit und Freizeit, zunehmend auch immer öfter werden Freunde ebenso Weiterbildung hierbei selektiert.
Wann haben Sie denn bewusst das letzte Mal auf all diese Bereiche einen Blick gelenkt oder auf Ihr innerstes gehört? Da sich das Hamsterrad in der heutigen Zeit immer schneller zu drehen scheint, finden die meisten Menschen für eine genaue Analyse kaum wirklich Zeit. Das ist sehr schade und kann weniger schöne gesundheitliche Folgen mit sich bringen. Denn beginnt man nicht selbst auf sich zu achten, wird der Körper diese Aufgabe zu gegebener Zeit selbst übernehmen und sich mit den unterschiedlichsten Symptomen oder Krankheiten bei einem melden. Je nach Situation und fehlendem Ausgleich, kann dies bis hin zur Arbeitsunfähigkeit kommen und enormen Desinteresse an vielen anderen Stellen. Das muss nicht sein!

Überprüfen Sie daher Ihren aktuellen Stand einmal selbst und am besten gleich jetzt. Nehmen Sie sich einen Stift zur Hand. Gerne können Sie dies auch farbig festhalten, ganz wie es für Sie am besten ist und Sie den größten eigenen Nutzen daraus ziehen können.

Bewerten Sie nun Ihre aktuelle Situation nachstehender Lebensbereiche! Betrachten Sie hierbei das Lebensrad von innen nach außen und geben Sie jedem einzelnen Bereich je nach Ist-Zustand eine Schattierung. Ein ganz ausgemaltes Feld, steht für 100% erreicht, ein halb ausgemaltes für 50% und so weiter.

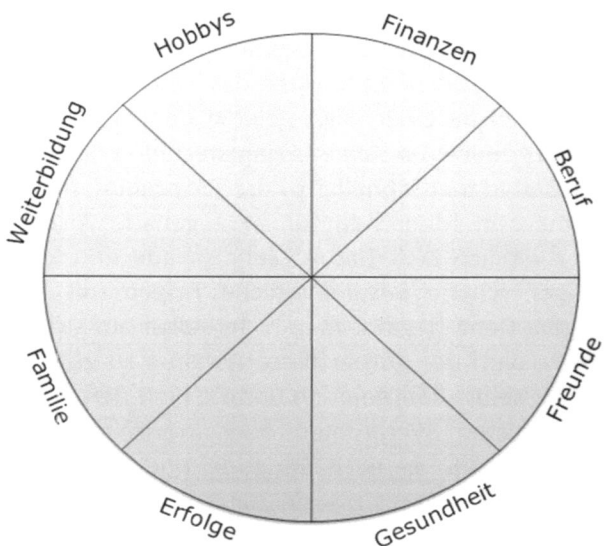

Jetzt schauen Sie einmal Ihr Lebensrad etwas genauer an. Was fällt Ihnen auf? Läuft das Rad rund und ergibt es in der Summe aller Bereiche ein Rad, ähnlich einem Autoreifen? Oder sieht es eher aus wie ein Raumschiff mit unterschiedlich großen und nicht zusammenpassenden Kammern? Ein Klasse Ergebnis, mit komplett ausgeglichenem Zustand, würde ein rundes Rad symbolisieren. Praktisch so, dass alles im Fluss ist und mit Leichtigkeit durchs Leben rollt. Wie sieht es bei Ihnen aus?

Welche Erkenntnis ziehen Sie aus Ihrer Grafik?

....

....

....

Was ist nun Ihr nächster Schritt?

....

....

Welche Möglichkeiten haben Sie?

....

....

....

Selbst für die sozialen Verbindungen bleibt kaum noch ein persönlicher Raum. Die Philosophie vieler großer Konzerne und Unternehmen verspricht zwar oft gewünschten Netzwerkaufbau, vergisst dabei allerdings gerne, dass dazu auch eine Kommunikation erforderlich ist. Zwischenmenschliche Unterhaltungen jedoch werden zunehmend selten gern gesehen. Da drängt sich mir die Frage auf: „Wie soll Netzwerkaufbau funktionieren ohne miteinander sprechen zu können oder einen guten Kaffeeklatsch?".

Setzen Sie daher Ihren Fokus auf das Gute, konzentrieren Sie sich auf das was Sie glücklich macht. Nehmen Sie sich selbst wieder in die Verantwortung und tragen Sorge für Ihr positives Leben.

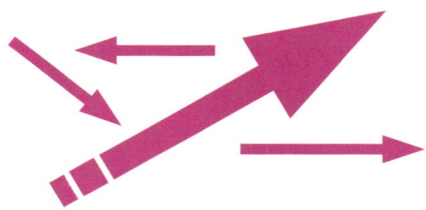

Wohin die Reise geht, ist nie ganz sicher, aber sicher ist eins, es sind den Visionen, Träumen und Zielen keine Grenzen gesetzt. Alles ist möglich, dabei spielt es keine Rolle woher dass man kommt, welche Veranlagungen oder Talente man mitbringt. Nein, ausschlaggebend ist:

Wie denke ich über mich und mein Leben?
und vor allem; *Habe ich Spaß bei dem was ich tue?*

Die Botschaft

Was bedeutet Think Pink eigentlich? Als ich das erste Mal davon hörte, stellte ich mir diese Frage ebenfalls. Es war mir fast peinlich, dass ich es nicht auf Anhieb wusste. Unter „denke Rosa", konnte ich mir beim besten Willen nichts Ernsthaftes vorstellen. Ehrlich gesagt, wusste ich gar nichts mit dieser Information anzufangen und erfreute mich erst einmal an der Farbe, welche ja viel Wärme und Freundlichkeit ausstrahlte. In einer ruhigen Minute befragte ich dann sogleich leise, still und heimlich „Dr. Internet", das mir umgehend Licht ins Dunkel brachte. Rasch war mir klar, genau das ist es und wie wahr.

Think Pink ist demzufolge ähnlich wie Schwarz zu sehen, sozusagen keine Farbe. Es ist eine gesunde, energiespendende, begeisternde, qualitativ hochwertige und positive Lebenseinstellung. Eine etwas andere Perspektive, eine positive Alternative. Der Weg in ein positives und erfülltes Leben. Dies bedeutet, das Leben in vollen Zügen ebenso in jeder Hinsicht zu genießen, Dinge zu tun, welche Beflügeln, leichter, freudiger machen und viele Glücksmomente verschaffen und unbedingt positiv auf die Geschehnisse der Zeit zu reagieren.

Diese Alternative soll die Herzen, Ohren und Augen öffnen, für das richtige Verständnis und eine optimale, eine etwas andere Perspektive. Dass wir lernen, die Dinge zu nehmen wie sie kommen, nicht alles gleich Negativ betrachten, uns nicht jedes Mal runter ziehen lassen, ständig in unserer eigenen Energie bleiben. Wir unsere Mitmenschen, ebenso unser Umfeld und die Umwelt respektieren und zu schätzen wissen. Das man bei negativen Erfahrungen, diese zwar bewusst wahr und ernst nehmen soll, dennoch das Licht am Ende des Tunnels niemals aus den Augen verliert. Ganz einfach, öfter ganz bewusst die rosarote Brille aufsetzt.

In diesem Workbook, bekommen Sie einige Varianten gezeigt, wie Sie mehr Lebensfreude in Ihr Leben nach der Philosophie von Think Pink, bringen können. Wenn Sie nur EINEN darin definierten Punkt anwenden und das ganze wenigsten 30 Tage konsequent am Stück praktizieren, erreichen Sie nach dieser kurzen Zeit bereits erste positive Ergebnisse und mehr Lebensqualität. Ihnen wünsche ich schon jetzt viel Spaß beim Lesen, damit arbeiten, bei der praktischen Anwendung, ebenso den großen und spannenden Erfolgen.

Zuvor eine Anekdote, die viele meiner Mentoren (wie Dale Carnegie, N.B. Enkelmann, Jürgen Höller, Mike Dierssen, und viele mehr) bereits schon in Ihren Erzählungen als Beispiel aufführten.

Der Saal der tausend Spiegel

„Vor 100erten von Jahren gab es in Tibet einst einen Tempel mit dem Saal „der 1000 Spiegel", der größer war wie das Taj Mahal. Er lag hoch oben auf einem Berg. Eines Tages machte sich ein Hund auf den Weg, um diesen Saal zu suchen. Als er ihn fand, stieg er - die mehreren 100 Stufen des Tempels hinauf und kam zum Spiegelsaal.

Als er in den Saal der tausend Spiegel kam, sah er tausend Hunde. Er bekam plötzlich Angst, sträubte das Nackenfell, klemmte den Schwanz zwischen die Beine, knurrte furchtbar und fletschte die Zähne. Und tausend Hunde sträubten das Nackenfell, klemmten die Schwänze zwischen die Beine, knurrten furchtbar und fletschten ebenfalls die Zähne.

Voller Panik rannte der Hund aus dem Tempel und glaubte von nun an, dass die ganze Welt aus knurrenden, gefährlichen und bedrohlichen Hunden bestünde.

Einige Zeit später kam ein anderer Hund, zum Saal der 1000 Spiegel. Auch er stieg die Stufen hinauf und betrat den Tempel. Als er in den Saal mit den tausend Spiegeln kam, sah auch er tausend andere

Hunde. Er aber freute sich. Er wedelte mit dem Schwanz, sprang fröhlich hin und her und forderte die Hunde zum Spielen auf.
Gleich drauf erwiderten 1000 Hunde dies und sprangen ebenfalls fröhlich hin und her.

Dieser Hund verließ den Tempel mit der Überzeugung, dass die ganze Welt aus netten, freundlichen Hunden bestehe, die ihm wohlgesonnen sind."

Was soll Ihnen diese Geschichte sagen?
Genau, „Think Pink" das Leben ist schön, so schön wie Sie es sich vorstellen. Sie erhalten immer was Sie denken. Das wurde bereits in der Bibel so festgehalten und heute durchaus im Religionsunterricht so gelehrt *„Wie die Saat, so die Ernte!"* steht es in der Bibel geschrieben. Jeder entscheidet demzufolge selbst, wie sein Umfeld auf ihn reagieren soll, oder ob er sich über eine Aussage grün und blau ärgern möchte. Besser ist es aus einer anderen, neutralen, positiveren Perspektive zu betrachten.

Wenn Du einen würdigen siehst,
dann trachte ihm nachzueifern.
Wenn Du einen UN-würdigen siehst,
dann prüfe Dich in Deinem INNERN!

Konfuzius

Denken Sie immer daran: Sie sind für Ihr Leben selbst verantwortlich und nur Sie!

Schubladen – Denken macht das Leben schwer

Dieses deutsche Sprichwort *„Wie du kommst gegangen, so wirst du empfangen!"* bringt es auf den Punkt. Was denken Sie, wie schnell sich jemand von Ihnen ein Bild gemacht hat? Erschrecken Sie jetzt bitte nicht, denn das ganze dauert keine 1,5 Sekunden. Sobald man irgendwo dazu kommt, läuft automatisch in den Köpfen ein Scan ab, in allen Köpfen, man persönlich nicht ausgeschlossen.

Angenommen jeder unterzieht sich einem Test und achtet einmal bewusst auf seine Wahrnehmung im Kontakt mit Personen. Sie wären erstaunt, was im eigenen Kopf da so alles vor sich geht. Machen Sie ruhig dieses Experiment und Ihnen wird schnell klar, dass man sich gern bei Kontakt mit neuen oder anderen Menschen, schnell von seinen Gedanken lenken oder sogar vom Aussehen blenden bzw. beeinflussen lässt. Vielleicht ist es Ihnen ja auch selbst schon einmal so ergangen. Sie kamen in ei-

nen Raum, wo Sie niemanden kannten und zur Sicherheit erst mal nur so umherschauten. Ihre Blicke gingen durch die Reihen, Ihre Ohren waren gespitzt und Ihr Gefühlsradar aktionsbereit. Sie scannten alles und jeden, ob sich unter all den Anwesenden doch jemand befand, der Ihnen zusagte, bei dem die sogenannte Chemie stimmte. Haben Sie diese Person dann gefunden, ergibt sich der Rest von selbst. Wieso ist das so?
Die Menschen neigen dazu, in Schubladen zu denken. Für alles und jeden gibt es eine ganz besondere Schublade. Je nach eigenen Erfahrungen, Wertevorstellungen oder Vorhersagen Anderer, werden diese bestückt, beschriftet und befüllt. Das ist allerdings im Umgang mit Anderen nicht sehr effektiv, höflich und auch nicht wirklich hilfreich. Im Gegenteil, durch dieses Schubladendenken, hat man seinem gegenüber Vorurteile. Und dieser somit keine Chance, sich wahrheitsgemäß zu präsentieren.

Natürlich ist es möglich dem Ganzen von vornherein entgegenzuwirken. Wie? Indem man sich entsprechend und je nach Anlass, Gesellschaft oder Gefühlslage kleidet. Wer den Film „Die Glücksritter" kennt, weiß durchaus jetzt schon was ich damit meine. In diesem Klassiker handelt es sich um zwei reiche und gelangweilte Geschäftsinhaber, welche ihrer Langeweile zugrunde liegend, ein Soziales Experiment mit zwei ahnungslosen Männern machten. Sie holten einen schon lang unter der Brücke lebenden Obdachlosen von der Straße und tauschten ihn gegen einen der erfolgreichsten Mitarbeiter, aus ihren eigenen Reihen aus. Es dauerte nicht sehr

lange bis beide, die Rolle des jeweiligen Anderen eingenommen hatten und diese eins zu eins erfüllten.
Derartige Experimente wurden auch in zahlreichen anderen Konstellationen durchgeführt, zum Beispiel in Schulen. Hier wurden Klassen derer Durchschnitt sehr gut war, mit einer aus geringem IQ gemischt und jedem das Gegenteil gespiegelt. Hier waren die Ergebnisse ebenso verblüffend und mit gleichbleibendem Resultat.

Mal angenommen man möchte erfolgreich im Business werden und trägt permanent und überall gut aussehende, bequeme Sportkleidung. Weil einem dies mehr behagt, man sich wohlfühlt, es zur Entspannung beiträgt und es schnell angezogen oder gewaschen, sowie praktisch ist. Hmm, würde man in diesem Outfit im Business überzeugen und seine Ziele erreichen? Oder so im Business ernst genommen werden?

Ich glaube eher nicht, denn wie die Novelle des Schweizer Dichters Gottfried Keller besagt *„Kleider machen Leute."* Daher hinterfragen Sie sich besser gleich selbst und aktiv.

Wer will ich sein?

....

....

....

Wie will ich privat wirken?

....

....

....

Wie will ich geschäftlich wirken?

....

....

....

....

FAZIT:
Das Image beginnt im Kopf!

*„Urteile nie über Menschen,
denen du noch nicht selbst
begegnet bist."*

Nicole Engelhardt

Das Auftreten und Erscheinungsbild spielen zwar eine große Rolle, allerdings gibt es Momente im Leben oder Situationen im Umfeld, an denen man besonders positiv wahrgenommen werden möchte. Einen guten Eindruck zu hinterlassen, gehört heut zu Tage ebenso zur obersten Etikette und ist für ein intaktes Netzwerk sehr empfehlenswert.

Den eigenen positiven Eindruck, verkörpert man selbstverständlich auch mit einer gesunden Lebenseinstellung, gleichermaßen kann man diesen zusätzlich durch eine entsprechende Körpersprache verstärken. Denn wie einer meiner Mentoren Samy Malchow immer sagt:

„Deine Zunge kann Lügen, dein Körper nicht!"
oder auch:
„Dein Körper spricht so laut,
dass ich nicht hören kann, was du sagst!".

Alleine das, was der Körper spricht, macht ganze 55% einer positiven und glaubwürdigen Kommunikation aus. Oder was meinen Sie? Würde man mir Glauben schenken, wenn ich mit nach unten geneigten Mundwinkeln, gesenktem Kopf, hängenden Armen, sichtbar total deprimiert und frustriert da stünde und plötzlich sagen würde; „Heute könnte ich meinen Helden folgen!"? Diese Aussage wäre nicht sehr aussagekräftig. Selbst nicht wenn sie mit starker Stimme gesprochen wäre. Glauben oder ernst nehmen würde mich, dank meiner Körpersprache in so einem Fall niemand. Genau das ist der Grund, warum man immer und überall auf einen festen Stand und gespannte Körperhaltung achten sollte, dies wirkt überzeugend und repräsentiert ein selbstsicheres Auftreten.

Gleichzeit ist bei jedem persönlichen Kontakt die Stimme zu berücksichtigen. Sie ist ein wahres Geschenk, kann vielseitig eingesetzt werden und sehr viel über den aktuellen Zustand oder die innere Einstellung zum Thema aussagen.

Die meisten Konflikte entstehen, weil man sich nicht richtig verstanden fühlt. Was meine ich damit? Stellen Sie sich ein ganz normales Gespräch zwischen Mann und Frau in den eigenen vier Wänden vor. Die Frau bittet ihren Mann zum Beispiel den Müll rauszubringen. Da diese Aufgabe sich hätte bereits schon selbstständig erledigen sollen, tut sie dies mit einer etwas raueren, vielleicht auch etwas energischeren Stimme. Je nachdem wie der Mann gelaunt oder sogar auch vom Tag gestresst ist, kann

diese Situation schon zu einer Eskalation führen. Warum? Im direkten Kontakt macht die Stimme starke 38% aus, der Inhalt hingegen gerade einmal 7%. Demzufolge geht es hierbei gerade nicht mehr darum, dass der Abfall entsorgt werden sollte, sondern eher darum wie der Auftrag erteilt wurde. Tun Sie sich daher selbst einen Gefallen und überdenken Sie künftig Ihre Stimmwahl, reden Sie eher bewusst, freundlich und bedacht.
Aber Achtung, am Telefon ist die KRAFT der Stimme um ein vielfaches Aussagekräftiger. Hier spricht man von enormen 88% im Gespräch.

Eventuell haben Sie ebenfalls bereits etwas von der linken und rechten Gehirnhälfte gehört. Kurz zusammengefasst ist die linke Gehirnhälfte für Rationalität, Regeln, Logik und Strategien zuständig und die rechte Gehirnhälfte für Intuition, Kreativität, Neugier und Bilder. Da Bilder oft mit Emotionen einhergehen, wirkt die rechte Gehirnhälfte oft etwas Dominanter in bestimmten Momenten. Denken Sie bitte jetzt einmal NICHT an einen rosaroten Elefanten! Genau das meinte ich damit. Haben Sie nicht auch als erstes ein Bild von einem rosaroten Elefanten im Kopf gehabt, bevor Sie sich auf die sachlichen Informationen konzentrieren konnten?

Aus diesem Grund ist es besonders am Telefon sehr hilfreich eine bildhafte Sprache zu verwenden. Ganz besonders, wenn Sie ein positives Gespräch mit erfolgreichem Abschluss als Ziel definiert haben. Wo wir gerade noch beim Telefonieren sind. Besonders hilfreich kann es auch sein, wenn Sie mit dem rechten Ohr telefonieren. Warum?

Vom Körperempfinden her, ist es genau andersherum. Denn hier ist die linke Seite dem privaten, emotionalen Bereich zugeordnet und die rechte Körperseite dem beruflichen, sachlichen Bereich. Beispielsweise Sie telefonieren privat. Privat sind wir noch eine Stufe Emotionaler als im Geschäft, weil wir mit Menschen zu tun haben, die uns normalerweise sehr wichtig sind oder wir in irgendeiner Variante zum System gehören, mit ihnen verbunden sind. Wie gesagt, mal angenommen Sie telefonieren privat und möchten gern Ihren Standpunkt vermitteln. Sprechen hochmotiviert, voller Überzeugung und freuen sich bereits jetzt auf die Vorfreude des Gesprächspartners. Nun aber ist er so ganz und gar nicht mit Ihrer Meinung einverstanden. Je nach Menschentyp, haben Sie den Hörer gerade am linken Ohr und verstehen sich total missverstanden, abgelehnt, als sei alles schlecht. Dementsprechend werden Sie auch reagieren und schon fängt der Kessel an zu brodeln. In den schlimmsten Fällen kocht er über.

Diesem können Sie etwas entgegenwirken, indem Sie sich antrainieren mit rechts zu telefonieren. Selbstverständlich sobald man an Persönlichkeit so gereift ist, gibt es dann auch noch andere Wege ein angenehmes Gespräch am Telefon zu führen. Für den Anfang, finde ich diese Möglichkeit sehr praktisch, da sie leicht ohne große Mühen ausführbar ist.

Probieren Sie es einfach selbst aus. Sie werden umgehend merken, dass Sie beim Telefonieren mit dem rechten Ohr entspannter und neutraler sind. Bei Meinungsverschiedenheiten nicht gleich alles persönlich nehmen, sondern sachlich bleiben. Ich persönlich habe das immer am besten beim Gespräch mit meinem Mann oder Menschen, die mir wichtig sind ausgetestet. Mit freudigem Erfolg.

Insbesondere auch diese Erkenntnis, sollte dazu anhalten die Grundeinstellung zum eigenen Gesprächspartner ernsthaft zu überdenken. Denn wie die Eisbergtheorie von Sigmund Freud aufzeigt, kommt es nicht ausschlaggebend darauf an, was man zu erzählen hat. NEIN, das Wichtigste und was jeden einzelnen unbewusst am meisten anspricht, ist immer WIE man etwas sagt.

Eisberg:

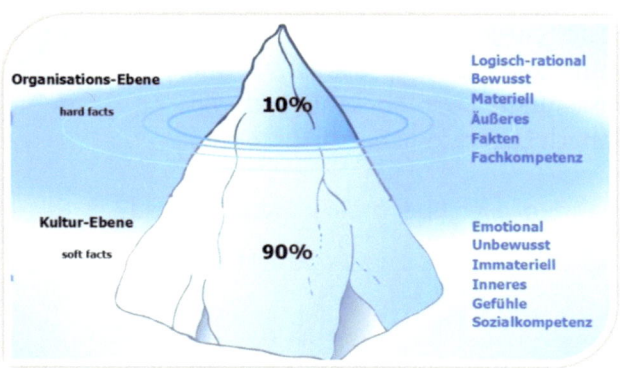

(Quelle: ClipArt Microsoft Word)

> Deshalb mein Tipp: Machen Sie sich vor jedem Termin einmal bewusst, welche persönliche Grundeinstellung gerade bei Ihnen präsent ist und sagen zu sich selbst, in Gedanken „Ich bin OK und Du bist OK", somit schaffen Sie sich schon vorab eine positive Haltung, Ausstrahlung, Gestik und bereiten Ihre Stimme auf ein positives, erfolgsorientiertes Gespräch vor.

Haben Sie sich schon einmal Gedanken darüber gemacht, was Ihnen wichtig ist in Ihrem Umfeld und was Ihre innere Einstellung und Meinung über Ihre Mitmenschen ist? Welche Schubladen gibt es in Ihrem System und vor allem wie viele?

Ich möchte Sie daran erinnern, dass Sie der Meister Ihres Lebens und Ihrer Lebensqualität sind. Ja, denn jeder selbst entscheidet, wie sein Umfeld ist und die Personen darin sind. Nehmen Sie sich etwas Zeit und beginnen Sie Ihr zukünftiges Umfeld selbst zu gestalten! Beantworten Sie jetzt nachfolgende Fragen! Lassen Sie sich etwas Zeit und überlegen gewissenhaft, denn so kann und wird es, wenn Sie danach Leben, in naher Zukunft sein.

Was denke ich über mein privates Umfeld?

....

....

....

Was denke ich über mein berufliches Umfeld?

....

....

....

Wie wünsche ich mir meine Familie?

....

....

....

....

....

....

Wie wünsche ich mir meine Freunde, Kollegen und mein Umfeld?

....

....

....

....

Welche Eigenschaften wären für ein gutes Miteinander von Vorteil?

....

....

....

....

Welche 3 Werte sind mir hierbei am Wichtigsten?

....

....

....

„Bist du heute da, wo du nicht sein möchtest,
dann sei bereit ab morgen da zu sein,
wo du es dir vorstellen kannst."

Nicole Engelhardt

Eine Reise nach dem Sinn des Lebens

Hat man das Zitat *„An sich ist nichts weder gut noch böse, dass Denken macht es erst dazu."* von Wilhelm Shakespeare erst einmal verinnerlicht, stehen einem alle Türen offen.

Denn Erfolge sind nicht ausschlaggebend von der Grundeinstellung allein abhängig. Vielleicht haben Sie sich auch schon einmal gefragt; „Wie verhalte ich mich richtig?". Ich kann Sie beruhigen, es gibt kein richtiges Verhalten, nur einen richtigen Gedanken. Der Schlüssel zu einem lebensfrohen Dasein, mehr Freude, Gesundheit, Erfolg und Lebensqualität sind die Gedanken. Denn das was man denkt, so wird man sich im Außen auch Verhalten und schlussendlich die Wirkung, das Resultat als Wahrheit Ernten. Somit sind die Gedanken, das Lebenselixier, das was jeden persönlich ausmacht.

Experten haben herausgefunden und sind davon überzeugt, dass man täglich zwischen 60.000 und 80.000 Gedanken denkt. Nicht alle davon sind positiv, gut die Hälfte sind negative Gedanken. Umso wichtiger ist es, dass man so viel wie möglich davon bewusst wahrnimmt. Gedanken sind gleichzeitig Energien, die zu Materie werden und somit die Richtung des Seins bestimmen können. Dies gilt nicht nur für positive Richtungen, gleiches kann bei negativen Definitionen eintreten. Hierbei sind in beiden Fällen keine Grenzen gesetzt, auch hier gilt „Alles ist möglich".

Die Entscheidung und Entstehung jedoch, geht von jedem selbst aus. Somit hat es jeder selbst in der Hand. Nehmen wir zum Beispiel einen Tag an dem man morgens erschrocken aufwacht und mit entsetzten feststellt; „Oh nein, jetzt habe ich verschlafen!". In einer derartigen Situation, würde ein Großteil adrenalin-geladen aufspringen, schon mit dem Gedanken daran; „Ich komme zu spät!" oder „Das schaffe ich nie rechtzeitig!" oder „Sicher sind alle Ampeln auf dem Weg zur Arbeit rot!".
Wer hat so etwas selbst schon einmal erlebt? Ich in meiner früheren Zeit nicht nur einmal. Wie oft habe ich so gedacht und bin am Ende viel zu spät auf der Arbeit oder bei einem wichtigen Termin erschienen. Selbstverständlich mit einem schlechten Gewissen und ganz vielen Ausreden, nein Tatsachen, denn es hatte sich ja wahrhaftig dann auch so ereignet.

Ziel sollte es daher sein, sich täglich auf das Gute einzustellen. Sicher hat auch jemand einmal eine gegenteilige Erfahrung gemacht. Eine wo sich plötzlich automatisch alles so gedreht und gewendet hat, wie Sie es gerade brauchten. Zum Beispiel bei einer Wohnungs- oder Haussuche. Oft weiß man hier ja ganz genau, was man sich vorstellt oder gern haben möchte, bevor man sich auf die Suche macht. Meist ist es anfangs so, dass nichts zu finden ist oder es eine Absage nach der Anderen regnet. Jedoch dann, als man schon an nichts Gutes mehr glaubt, öffnet sich das letzte Türchen und genau das ist es dann. Die Betonung liegt hierbei auf GENAU, denn erst wenn man das hat, was man sich zu Beginn vorgestellt hat, ist das Ziel erreicht. Das Universum und unser Innerstes werden erst Ruhe finden, wenn sich unsere Vorstellungen, die Gedanken zu Materie umgewandelt haben.

Sicher ist also eins, alles was man sich vorstellen kann, ist auch möglich. Wissen Sie: Was ein Kugelschreiber oder ein I-Phone ist? Haben Sie schon einmal ein Fahrrad gesehen oder ein Auto? Ich gehe stark davon aus, dass derartiges jedem bekannt ist. Dazu kann ich nur sagen, all diese Dinge, die uns zwischenzeitlich so vertraut sind und zum Leben ganz einfach dazu gehören, waren einst, bevor es in die Umsetzung sowie Entwicklung ging, nur ein kleiner Gedanke mit einem starken Glauben an eine große Sache.

„Wer nicht weiß, wohin er will,
der darf sich nicht wundern,
wenn er ganz woanders ankommt."

Mark Twain

Was ist theoretisch ein Gedanke? Die Gedanken sind frei, wie das Volkslied aus ca. 1790, bearbeitet von Hoffmann von Fallersleben um 1841, bereits besagt. Sie entstehen meist aus einem veranlassten, oft auch unbewussten Impuls heraus. Sobald eine bestimmte Emotion in einem losgelöst wurde, fangen die Gedanken an aktiv zu werden. Je nachdem welche Emotion gerade präsent ist, werden positive oder negative Gedanken produziert. Diese wirken sich schlagartig auf unser Handeln aus und beeinflussen den weiteren Verlauf.

Mal angenommen man ist auf der Suche nach einem neuen Job und kommt in eine Lage, die an eine unschöne Situation aus der Kindheit erinnert. Einen Zustand, den man damals als Ablehnung „Ich bin nicht gut genug!" empfunden hat, weil keiner mit einem spielen wollte. Dieser Zustand wird auch als negativer Glaubenssatz definiert und kann in der Gegenwart sowie selbst noch in der Zukunft eine verhängnisvolle Wirkung zeigen, wenn man sich diesem durch negatives Denken weiter annimmt.

Aus diesem Grund ist es forteilhaft sich seine Gedanken bewusst zu machen. Einmal darauf zu achten, auf was reagiert man negativ oder von welchen Verhalten fühlt man sich genervt. Sobald Sie anfangen sich Ihrer Gedanken bewusster zu werden, wird auch automatisch Ihr Leben reicher an positiven Momenten.

*„Der Kopf ist rund,
damit das Denken die Richtung ändern kann."*

Albert Einstein

Beginnen Sie am besten gleich mit der Umstrukturierung Ihrer Ihnen bekannten Glaubenssätze.
Schreiben Sie nachfolgend Ihre negativen Glaubenssätze auf und definieren Sie die künftig positive Formulierung darunter. Warum?

Weil es wichtig für Ihre positive Zukunft und Ihre Lebensqualität ist.

Beispiele für **negative** Glaubenssätze, durch andere:

- Du bist nicht liebenswert.
- Du bist nicht gut genug.
- Du bist es nicht wert.
- Ohne Hilfe schaffst du es nicht.
- Geld stinkt.
- Das schaffst du nie.
- Dafür bist du zu klein (zu dick, zu blond…).
- Geld allein macht nicht glücklich.
- Erfolgreich können Frauen nicht sein.
- Erfolg macht einsam.
- Frauen können das nicht.
- Männer müssen für die Familie sorgen.
- Du bist ein Versager.
- Du kannst das nicht.
- Du musst anderen gefallen.
- Was sollen die anderen denken.
- Wie siehst du schon wieder aus?
- Du musst hart arbeiten, um erfolgreich sein zu können.
- Das Leben ist hart.

Beispiele für **positive** Formulierungen:

- Erfolg ist fester Bestandteil meines Lebens.
- Ich bin voller Gesundheit und lebe bewusst.
- Es ist gut für mich Erfolg zu haben.
- Geld bewirkt viel Gutes.
- Es ist gut, wenn ich Geld erhalte.
- Ich lebe im Überfluss und Fülle.
- Finanzielle Freiheit ist mein Geburtsrecht.
- Ich liebe das Leben und das Leben liebt mich.
- Ich bin liebevoll und liebenswert.
- Ich bin selbstbewusst.
- Ich schaffe alles, was ich möchte.
- Alles ist möglich.
- Ich liebe was ich tue und tue was ich liebe.
- Alle Menschen lieben mich und ganz besonders liebe ich mich.
- Das Leben ist schön und macht viel Spaß.
- Ich erreiche meine Ziele.
- Ich habe liebevolle Menschen in meinem Umfeld, die mir gut tun.
- Ich kann alles erreichen, was ich mir vorstelle.
- Ich bin redegewandt und überzeugend.
- Ich bin ein Gewinner.
- Ich ziehe Geld an wie ein Magnet.
- Ich vertraue auf meine Fähigkeiten und bin gut so wie ich bin.

Wir sehen die Welt nicht wie sie ist, sondern wie wir sind."

Talmud

Welche Glaubenssätze wurden Ihnen mit auf den Weg gegeben? Notieren Sie hier Ihre negativen Glaubenssätze und wandeln Sie diese gleich in positive Affirmationen um!

....

....

....

....

....

....

....

....

....

....

....

*„Glaube daran,
dass du etwas kannst
und du hast es schon halb geschafft."*

Theodore Roosevelt

Sofern Sie die Aufgabe erledigt haben, können Sie nun Ihre positiven Affirmationen (Formulierungen) innerhalb der nächsten 30 Tage verinnerlichen.
Wie Sie das tun, ganz einfach indem Sie jeden Abend vor dem Schlafen gehen oder morgens vor dem Spiegel, das ist sogar noch effektiver, Ihre positiven Affirmationen jedes laut 10mal hintereinander aussprechen. Achten Sie dabei auf Ihre Emotionen. Wie vorab erwähnt, sind diese für die positiven oder negativen Impulse Ihrer Gedanken zuständig. Umso stärker demzufolge eine Emotion bei der Aussprache, umso einprägsamer das Gesagte oder die Erfahrung.

Zusammengefasst hat der Gedanke eine beachtliche Fähigkeit, mit der er das eigene Leben positiv bereichern oder auch ganz schön für Verwirrungen sorgen kann. Ziel ist es, sich die Gedanken klarer und deutlicher zu machen, zu analysieren, zu sortieren und am Ende den Glauben daran erheblich zu festigen.

Gleichzeitig wird durch bewusst an- und wahrgenommene Gedanken ein neuer Grundstein gesetzt. Mit diesem erhält alles Neue die Möglichkeit zum Wachstum. Wachstum ist ein unaufhaltsamer, lebensnotwendiger Prozess des Universums, an dem man sich beteiligt, stagniert, eingeht oder am Ende ablebt.

Betrachten Sie zum Beispiel einen Baum während der Wachstumsperiode. Er entsteht aus einem kleinen Samenkorn, welches sich zu mehr berufen fühlt. So schiebt es seine Wurzeln ins ungewisse und beginnt zu wachsen. Es wächst zu einem starken, großen, bewundernswerten, einzigartigem, kräftigen Baum heran. Jahr um Jahr wächst dieser Baum weiter, bildet einen Jahresring um den anderen und erblüht zu Großem. Wenn Sie es sich einmal genau überlegen, wann hat ein Baum seine Reife erreicht? Hört er zwischendurch auf zu wachsen? Und was passiert, wenn er eines Tages aufhört sich weiter zu entwickeln?

Schauen wir in diesem Vergleich einmal auf einen der Riesen Mammutbäume. Diese wachsen bis über 3000 Jahre lang und können bis zu circa 13 Meter Umfang erreichen. Was bedeutet das, Wachstum gehört zum Überleben dazu. Nicht nur bei Bäumen, auch in unserer Welt sollte man sich klar machen, was Wachstum für eine gesunde, erfolgreiche Zukunft und mehr Lebensqualität bedeutet.

Wer anfängt zu wachsen, hat angefangen bewusst und mit Begeisterung zu Leben. Hat sich entschieden, dass es weitergeht und es für alles Mittel und Wege gibt, damit negative Erlebnisse in positive Ressourcen umgewandelt werden können.

Genau diesen Ansatz verfolgt gleichermaßen das „LIGA-Prinzip der Persönlichkeit", welches näher in einem separaten Workbook definiert und mit weiteren Persönlichkeitsanalysen sowie Tests aufgebaut ist.

*„Die Kunst glücklicher Menschen ist,
dass sie tun was sie lieben."*

Nicole Engelhardt

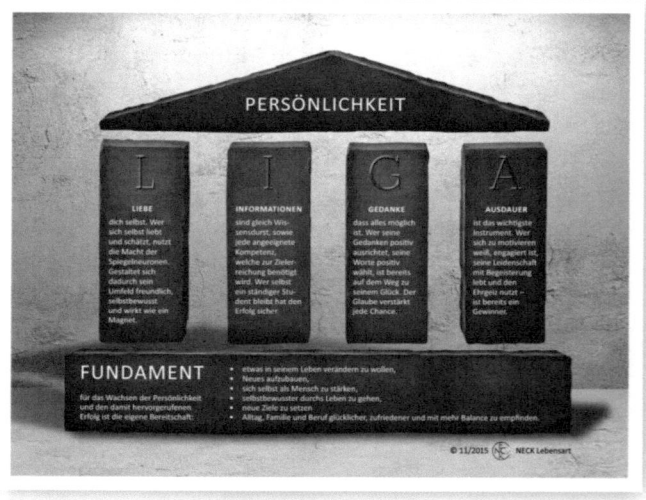

Wachstum fördert das Bewusstsein von positiven Gedanken, sorgt für ein besseres Verständnis, trainiert die Ausdauer sowie das Durchhaltevermögen und führt am Ende zum gewünschten Ergebnis, Ziel oder Erfolg. Persönlichkeit ist das, was Sie persönlich ausmacht! Arbeitet man an seinem Persönlichkeitswachstum, erreicht man schneller Zufriedenheit und Erfolg. Ebenso kann man erst dann auch anderen Menschen oder seinem Umfeld Gutes bringen.

Ein bekannter und sehr erfolgreicher Mann Henry Ford, hat es sehr früh schon erkannt.

> *„Wenn du glaubst,*
> *du kannst es oder du kannst es nicht,*
> *in beiden Fällen hast du immer Recht!"*

Der eigene Glaube hat eine gewaltige Kraft und entsteht immer aus einer inneren Überzeugung heraus. Diese innere Überzeugung ist der Eigenantrieb den man benötigt, um schlussendlich in die Umsetzung zu gelangen. Gleichzeitig entwickelt ein fester Glaube an eine Sache oder Vision ungeahnte Kräfte. Diese Kräfte sind gleich zu setzen mit Energie. Jeder Gedanke weckt somit neue Reserven und bringt neue Stärken zum Vorschein. Diese Macht der Gedanken, sollte man nutzen, denn Energie kann nicht zerstört werden. Begrenzungen wurden vom System nicht vorgegeben, es gibt also keine Grenzen. Alles ist möglich!

Sollte man dennoch an eine Grenze gelangen, hat man sich diese selbst gesetzt. Oder was denken Sie wer es entscheidet, wenn es darum geht etwas zu können oder nicht. Als Kind, hört man selten auf das was andere sagen. Im Gegenteil hier motiviert es oft sogar noch, wenn es heißt; „Das kannst du nicht oder insbesondere das darfst du nicht!". In solch einer Situation, fängt man als unvoreingenommenes Kind erst einmal an Vorfreude zu entwickeln und begibt sich unentwegt und unaufhaltsam in die Umsetzung, oder manchmal auch zumindest ins Versuchen. Als Erwachsener hingegen, ist man eher skeptisch. Das rührt aus den Erfahrungen, welche man im Leben schon gemacht hat und die einen tief im Inneren geprägt haben.

Am liebsten lässt man dann doch besser gleich die Finger weg und versucht es noch nicht einmal. Stellen Sie sich vor, Sie leben Ihr Leben wie geplant, erreichen was Sie sich vorgenommen haben und kommen dann an einen Punkt, an dem alles plötzlich erledigt und umgesetzt ist. Nicht viele Jahre später beschleicht Sie eventuell das Gefühl; „Was nun? War's das?". Nicht selten kommt es vor, dass man plötzlich an diesem Punkt steht und nicht mehr vor noch zurück weiß. Irgendwo zufrieden ist, allerdings nicht wirklich glücklich.

Warum ist das so? Eben, weil wir Lebewesen sind und zum Leben, Wachstum dazu gehört. An so einem Punkt gilt es dann in sich zu gehen und genau zu überlegen, was man wirklich möchte. Beantworten Sie hierzu folgende Fragen für sich!

Wohin soll die Reise gehen? Was will ich wirklich?

....

....

....

....

Was ist mir wichtig dabei? Auf was möchte ich nicht verzichten?

Gibt es ein Bedingungsloses „JA" für diese Reise (Entscheidung)?

> Fakt ist, alle Lebewesen mit der Fähigkeit Denken zu können, sind reine Energiebündel. Darum ist Denken so wichtig. Denn alles Denken wird zu Materie, das ist ein ungeschriebenes Gesetzt und gleich zu sehen wie die Erdanziehungskraft, es passiert einfach.

Dazu möchte ich eine mir sehr wichtige Metapher erzählen, welche von einem chinesischen Bauern erzählt und deren Verfasser leider unbekannt ist.

In einem Dorf in China, nicht ganz klein, aber auch nicht groß, lebte ein Bauer nicht arm, aber auch nicht reich, nicht sehr alt, aber auch nicht mehr jung, der hatte ein Pferd. Und weil er der einzige Bauer im Dorf war, der ein Pferd hatte, sagten die Leute im Dorf: "Oh, so ein schönes Pferd, hat der ein Glück!" Und der Bauer antwortete: "Wer weiß?!"

Eines Tages, eines ganz normalen Tages, keiner weiß weshalb, brach das Pferd des Bauern aus seiner Koppel aus und lief weg. Der Bauer sah es noch davongaloppieren, aber er konnte es nicht mehr einfangen. Am Abend standen die Leute des Dorfes am Zaun der leeren Koppel, manche grinsten ein bisschen schadenfroh, und sagten: "Oh der arme Bauer, jetzt ist sein einziges Pferd weggelaufen. Jetzt hat er kein Pferd mehr, der Arme!" Der Bauer hörte das wohl und murmelte nur: "Wer weiß?!"

Ein paar Tage später, sah man morgens auf der Koppel des Bauern das schöne Pferd, wie es mit einer wilden Stute im Spiel hin und herjagte: Sie war

ihm aus den Bergen gefolgt. Groß war der Neid der Nachbarn, die sagten: "Oh, was hat der doch für ein Glück, der Bauer!"
Aber der Bauer sagte nur: "Wer weiß?!"

Eines schönen Tages im Sommer dann stieg der einzige Sohn des Bauers auf das Pferd, um es zu reiten. Schnell war er nicht mehr alleine, das halbe Dorf schaute zu, wie er stolz auf dem schönen Pferd ritt. "Aah, wie hat der es gut!" Aber plötzlich schreckte das Pferd, bäumte sich auf und der Sohn, der einzige Sohn des Bauern fiel hinunter und brach sich das Bein, in viele kleine Stücke, bis zur Hüfte. Und die Nachbarn schrien auf und sagten: "Oh, der arme Bauer: Sein einziger Sohn! Ob er jemals wieder wird richtig gehen können? So ein Pech!" Aber der Bauer sagte nur: "Wer weiß?!"

Einige Zeit später schreckte das ganze Dorf aus dem Schlaf, als gegen Morgen ein wildes Getrappel durch die Straßen lief. Die Soldaten des Herrschers kamen in das Dorf geritten und holten alle Jungen und Männer aus dem Bett, um Sie in den Krieg mitzunehmen. Den Sohn des Bauern ließen sie jedoch zurück. Dieser konnte nicht dienen. Und so mancher saß daheim und sagte: "Was hat der für ein Glück!"
Aber der Bauer murmelte nur: "Wer weiß?!"

> Und die Moral von der Geschicht; **„Wer weiß???"** mehr sag ich nicht!

Für den Sinn des Lebens und das eigene Glück,
schau immer vorwärts – nicht zurück!

Kreativer Raum für Notizen, Anregungen und Ideen.

Das Ziel vor Augen

Wie, es kommt einem vieles entgegen? Wie soll das gehen? Ein weißer Mann hat einmal gesagt; „Ein Ziel, was nicht aufgeschrieben ist, ist kein Ziel!". Zudem kann ich sagen, dies ist dies genau der Anfang von allem, was die Zukunft bringen kann.

Solange man selbst nicht weiß wohin die Reise gehen soll, woher weiß dann das Universum Bescheid. Keiner hat die Möglichkeit weiter zu kommen, wenn er vorher nicht genau definiert hat, was sich verändern soll oder wo er sich in der Zukunft befinden möchte. Keiner kann die Vergangenheit rückwirkend noch beeinflussen.
Was geschehen ist, ist geschehen. Dennoch können wir aus der Vergangenheit lernen. Jegliche negativen Erfahrungen, schief gelaufene Situationen, schlecht geführte Gespräche, nicht verstandene Bitten, mangelndes Verständnis, fehlerhafte Investitionen, falsche Entscheidungen, ja selbst aus dem Verlust eines nahestehenden Menschen. Aus jedem

negativen Ereignis in der Vergangenheit, kann etwas Positives gewonnen werden.

Genau wie es die Geschichte vom chinesischem Bauern besagt „Wer weiß!". Selbstverständlich braucht eine aktuell sehr tief sitzende Situation erst einmal etwas Zeit, bis zu erkennen ist, was diese positives bringen soll. In den seltensten Fällen, wird sofort klar warum ein Schicksalsschlag über einen einbricht. Dennoch hat wahrlich alles einen besonderen Sinn und bietet einen nächsten Schritt zur eigenen Zielerfüllung.

Wie ein aktuelles Ereignis einer jungen Familie zeigt, kommt es auf die Perspektive an und was man daraus macht, bzw. machen kann. Jene kleine Familie, bestehend aus Mann, Frau, einem 2jährigem kleinen Kind sowie einem Hund, brach ihr ganzes Kartenhaus in nur wenigen Wochen zusammen. Aus der Sicherheit einer 10jährigen Festanstellung und einer sehr gut laufenden Selbstständigkeit, sollte plötzlich UN-Sicherheit werden. Die Firma des Mannes wurde geschlossen und somit sein Unterhalt zur Ernährung der Familie von heute auf morgen gelöscht. Einige Wochen später, als sie gerade wieder gelernt hatten guter Dinge nach vorn zu schauen, der nächste Schicksalsschlag und die noch scheinbar einzige Einnahmequelle aus der Selbstständigkeit lief gleichermaßen den Bach hinunter. Im wahrsten Sinne des Wortes, denn ein Wasserschaden mit enormen Schäden des Inventars brachte die Familie erneut in eine scheinbar ausweglose Notsituation. Gerade jetzt wo alles so gut zu laufen schien. Beide

wollten schon gar nichts mehr glauben, besannen sich jedoch nach einiger Überlegungszeit und blickten weiter in die Zukunft.
An so einem Punkt und ganz besonders an derartigen und im ersten Moment scheinbar hoffnungslosen Zuständen, ist es wichtig sich Zeit zu geben. Gleichermaßen ist Verständnis hierbei ebenso ein wichtiges Hilfsmittel. Verständnis, das klingt vielleicht jetzt etwas unpassend. Denn wie soll man für derartig negative Erfahrungen Verständnis aufbringen. Dennoch ist es von äußerster Wichtigkeit und hilft vor allem die neutrale Perspektive im Gesamten zu bewahren.

Oft ereignen sich negative Ereignisse in Momenten, an denen man an einer Scheidewand steht und einem selbst gerade noch nicht so richtig klar ist, wohin die Reise gehen soll. In Augenblicken wie diesen, benötigt man Unterstützung, das Gefühl nicht alleine damit dazustehen. Diese Hilfe bietet uns jederzeit das Universum. Indem man sich für eine Richtung oder etwas entscheidet, gibt man ihm ein Zeichen und das Universum leitet alles weitere, was für die Zielerreichung nötig ist, Stück für Stück in die Wege.

Da es immer nur dann weiter gehen kann, wenn man ein Ziel fokussiert beziehungsweise gesetzt hat, ist es von enormer Bedeutung, dass man sich seine Visionen auch ständig bewusst macht. Sich klar und deutlich damit auseinander setzt und visualisiert.

Beginnen Sie daher sofort an Ihrer eigenen Zukunft zu arbeiten, sich selbst in die Verantwortung zu nehmen. Schenken Sie sich Zeit und Ressourcen, um in sich selbst an Zeit und Gedanken zu investieren. Viel zu selten räumt man sich diesen Platz ein. Wenn man sich auf seine Zukunft, seine Ziele, seine Visionen und Träume konzentrieren und die Gedanken ausrichten möchte, dann sollte man sich diese Zeit auch Wert sein und sich einmal selbst hinterfragen. Welche Ziele man besonders im Fokus hat und welche einem wirklich wichtig sind sowie gleichzeitig gut tun.

Nehmen Sie sich nun etwas Zeit und überlegen Sie sich Ihre bevorstehenden und wichtigsten Ziele!

Schreiben Sie wenigstens 4 – 5 Ziele auf und konzentrieren Sie sich dabei auf das Ziel, welches Ihnen zuletzt in den Sinn kommt. Dieses ist normalerweise eines Ihrer wichtigeren Ziele. An das man sich nicht so gern heranwagt und vorher noch dringend etwas anderes erledigen möchte oder sogar muss. Hierbei handelt es sich sozusagen um eine Art der Vermeidungsstrategie, die automatisiert angewandt wird, sobald es etwas unsicherer wird oder bevor es aus der gewohnten Komfortzone heraus geht.

Fühlen Sie einmal in sich hinein, schauen hinter Ihre eigenen Kulissen und hören bewusst auf Ihre innere Stimme oder Ihr Bauchgefühl. Bereit? Dann beantworten Sie nun gleich für sich folgende Fragen!

Welche Ziele, Wünsche und Visionen verfolge ich im Augenblick?

....

....

....

....

Welche sind mir aktuell am wichtigsten?

....

....

....

....

Was möchte ich unbedingt erreichen?

....

....

....

....

Wo will ich in 5 Jahren stehen? Wie sieht dann mein Leben aus?

....

....

....

....

Weitere Ziele unterteilt in:

Beruflich:

....

....

....

Privat:

....

....

....

Gesundheitlich:

....

....

....

Wie Denke ich über meine Ziele? Welchen Glauben habe ich daran?

....

....

....

....

....

....

....

> Bei Übungen, wo es gefordert ist mitzumachen, nachzudenken, Überlegungen oder Entscheidungen zu treffen, ist es wichtig, folgende weisen Worte von Johann Wolfgang von Goehte zu beherzigen: „**Erfolg** hat **drei** Buchstaben: **TUN**!"

Warum, es für eine zufriedene Zukunft nützlich ist etwas aufzuschreiben, wurde bereits genannt. Ein Ziel ist erst ein Ziel, wenn man es schriftlich festgehalten hat. Erst in dem Augenblick, in dem man es sich selbst bewusst macht, durch Aufschreiben und auch lautes Aussprechen, kommt man seinen Wünschen, Träumen und Visionen näher.

Man betrachte Beispielsweise Kinder in der Vorweihnachtszeit. Das ist doch herrlich zu sehen, mit welcher Motivation, Vorfreude und welchem starken Glauben, diese Ihre Weihnachtsbriefe oder Wunschlisten schreiben. Auch wenn sich nicht immer gleich an Heilig Abend jeder Wunsch sofort erfüllt, bekommen die Kleinen in den meisten Fällen im laufenden Jahr Ihre Wunschliste abgearbeitet und umgesetzt.

Wieso folglich damit aufhören, Wunschlisten zu schreiben? Meine ist schon einige Seiten lang und irgendwann füllt sie sicher ein Buch. Wer hat nicht selbst schon einmal eine Wunschliste oder nenne ich es kurzerhand einfach Einkaufsliste geschrieben? Wie viele Punkte auf jener Liste konnten da abgearbeitet werden? Oder im beruflichen, wenn es um Projekte geht. Wie wird da vorgegangen?

Offensichtlich spielen Listen in etlichen Bereichen des Lebens und des Alltags bereits heute schon eine sehr brisante Rolle. Wieso dann auch nicht, wenn es die eigene Person betrifft? Für andere sind die meisten Menschen bereit alles zu tun, da liegen die Prioritäten plötzlich ganz enorm hoch. Wenn es jedoch darum geht etwas für sich selbst zu tun, verliert der Auftrag oft umgehend an Wichtigkeit oder man findet 1000ende Gründe (diese nennt man in Fachkreisen Vermeidungsstrategien), es nicht zu tun.

Das ist sehr schade, da man selbst der wichtigste Mensch in seinem Leben sein sollte. Vielen ist nicht bewusst, dass man mit der Energie und Motivation, welche automatisch aus jedem noch so kleinen erfüllten Ziel gesammelt wird, viele andere Menschen unterstützen kann. Schreiben Sie sich demzufolge Ihre Ziele und Wünsche immer auf. Listen sind Notizen, damit man an Dingen festhalten kann, welche man noch nicht erreicht hat.

Ebenso betrachtet man sie als ein sehr starkes Hilfsmittel zur eigenen Motivation. Wie das im Voraus beschriebene Beispiel mit dem Baum genau aufgezeigt wurde. Weiterentwicklung und somit auch Ziele sind ein unverzichtbarer Prozess für ein persönliches Wachstum. Denn hat man keine Visionen mehr, hat man aufgehört sich weiterzuentwickeln, somit die Bereitschaft zu wachsen eingestellt, wird sich im eigenen Leben nichts mehr verändern. Alles bleibt Tag für Tag, Monat für Monat, Jahr für Jahr so wie es immer war. Der Mensch jedoch braucht Veränderungen zum Leben. Ohne diese wird er eines Morgens aufwachen und sein ganzes Leben in Frage stellen und im schlimmsten Fall sogar die Lust am Leben verlieren. Und das nur, weil

keine Bereitschaft zur Veränderung oder auch zur Weiterentwicklung da war? Das muss nicht, nein das sollte nicht so sein.
Beginnen Sie daher gleich mit Ihrer Wunschliste! Logischerweise kann auf dieser Liste alles stehen, von materiellen Zielen, Zeit mit Freunden oder Familie, Urlaubs- Träume bis hin zu Gesundheitswünschen oder Zielen bei der Arbeit. Hier sind materiell und spirituell keine Grenzen gesetzt.
Alles ist möglich!

Was sind Ihrer aktuell wichtigsten Wünsche, Visionen oder Träume? Beginnen Sie jetzt Ihre WUNSCH-Liste und schreiben wenigstens 20 Ihrer für Sie wichtigsten Wünsche auf!

....

....

....

....

....

....

....

....

....

*Erzähle es mir -
und ich werde es vergessen.
Zeige es mir -
und ich werde mich erinnern.
Lass es mich TUN -
und ich werde es BEHALTEN:*

Konfuzius

> Wenn Du immer wieder das tust,
> was Du immer schon getan hast,
> dann wirst Du immer wieder das bekommen,
> was Du immer schon bekommen hast.
> Paul Watzlawick

Demjenigen der die Aufgabe erledigt hat, gibt diese Übung die Möglichkeit zu mehr Konzentration auf die eigenen Visionen. Sobald klar ist wohin man will, tritt automatisch das Gesetzt der Resonanz ein.
Das bedeutet, ganz kurz gesagt: dass Gleiches, Gleiches anzieht. Man gähnt wenn ein anderer Gähnen muss, sieht das eine Auto, für welches man sich selbst gerade entschieden hat oder Schwangere sehen nur noch Schwangere, man fühlt sich unbewusst zu den Menschen hingezogen, die das eigene System gerade zur Erfüllung der aktuellen Ziele benötigt.

Man ist wie ein Radio, was sich ständig nach den eigenen Visionen und Gedanken, immer wieder neu ausrichtet. Ist man demzufolge gerade nicht sehr motiviert, wird automatisch nach einem anderen Sender gesucht, nach Menschen, die dem vorgegebenen Zustand gleichen, eben die, die nicht sehr motiviert sind. Ziel sollte es daher sein, dass man sich auf das konzentriert, was einem wirklich wichtig ist. Warum?

Machen Sie ein Experiment und nehmen an einem heißen Sommertag ein weißes Blatt Papier zur Hand. Dieses legen Sie auf den Boden, direkt in die Sonne. Wenn Sie Glück haben und auch genügend Ausdauer vorweisen können, kann es sein, dass dieses Stück Papier nach circa einer Stunde oder länger, endlich heiß wird. Gut, mindestens etwas warm. Dann nehmen Sie für das zweite Experiment eine Lupe als Hilfsmittel dazu und wiederholen den Vorgang erneut. Erstaunlicherweise nach nicht einmal 10 Minuten wird das Blatt nun zu brennen beginnen.

Woran liegt das? Wie kann das sein? Genau, es ist eindeutig, die Sonnenstrahlen wurden beim zweiten Test durch die Lupe gebündelt und konzentriert auf einen einzigen Punkt. Ebenso funktioniert es mit den eigenen Zielen und Wünschen.

> *Immer wenn du*
> *ein erfolgreiches*
> *Unternehmen siehst,*
> *hat jemand einmal*
> *eine mutige Entscheidung getroffen.*
> *Peter F. Drucker*

Exakt aus diesem Grund ist es von so großer Bedeutung, dass man sich auf das konzentriert, was einem gut tut, glücklich macht und/oder man erreichen will.

Kreativer Raum für Notizen, Anregungen und Ideen.

*Wenn du liebst, was du tust,
wirst du nie wieder in deinem Leben arbeiten.*
Konfuzius

Spaß macht's möglich

Jetzt ist klar, dass man sich auf seine Ziele konzentrieren sollte. Nur was kann man machen wenn es einem nicht gut geht, plötzlich einmal die Motivation ausbleibt, man keinen Spaß mehr hat bei dem was man tut?

Oft gibt es Ereignisse im Alltag, die man besser nicht wahrgenommen hätte. Nicht jeder Morgen ist gleich oder man steht auf und ist immer sofort gut gelaunt. An manchen Tagen, würde man sich am liebsten sogar ganz spontan und ausversehen krank melden und möchte von nichts und niemanden etwas hören, sehen oder wissen. Diese Art von Start in den Tag ist keine Seltenheit. Ich persönlich hatte einige derartige Tage. Tage an denen ich mich fragte; „Für wen mache ich das hier alles eigentlich?",

„Hat doch eh keinen Sinn und interessieren tut es auch niemanden!". Das mag sein, dass es Momente im Leben gibt, an denen man nicht mehr an eine erfolgreiche, glückliche, gesunde Zukunft glaubt oder glauben kann. Es genau in diesem einen Augenblick einfach so aussieht, als gibt es keinen Horizont, keinen Ausweg mehr.
Zugegeben, diese Momente kommen im Dasein immer wieder vor und wird es auch in Zukunft immer wieder einmal geben. Allerdings muss das nicht so bleiben. Selbstverständlich ist es leichter sich im Selbstmitleid zu suhlen, sich krank zu melden, umzudrehen und die Decke über den Kopf zu ziehen und alle fünfe gerade sein zu lassen, oder man einfach andere für seinen Zustand verantwortlich zu machen. Andererseits, da war doch was? Ziele, Träume, Wünsche und Visionen lautet hier die beste Lösung. Nicht umsonst hält man diese schriftlich fest.

Gerade in Momenten der Niedergeschlagenheit, fährt man diese Geschütze besser wieder auf. Fokussiert was einem wichtig ist und ja, auch gut tut. So ist es ein leichtes durchzuhalten und neue Energien zu tanken. Wie im Voraus bereits erläutert, spenden Gedanken dem eigenen Körpersystem die nötige Kraft, Energie und Motivation. Es sind mit die wichtigsten Elemente, welche in einem Moment der Verzweiflung positiv unterstützend wirken können, so dass es jedem immer wieder gelingen kann, in eine starke Körperhaltung mit zunehmender eignen Überzeugungskraft zu gelangen.

Natürlich spielt dabei die Atmung eine ebenso große Rolle, denn wird das Lungenvolumen vergrößert, erhält man automatisch mehr Power. Die gesamte Körperhaltung baut sich auf, man wird groß, bekommt einen festen Stand und somit gleichzeitig mehr Kraft im gesamten Kreislauf sowie der Stimme. Probieren Sie es selbst einmal aus, atmen Sie einmal bewusst und kontrolliert. Am aller wirksamsten ist es, wenn Sie dies in einer Situation testen, in der Sie eh gerade etwas ausgepowert sind. Stellen Sie sich hin, lassen Sie Arme, Kopf und Schultern nach unten hängen.

Nun atmen Sie auf 3x tief durch die Nase ein und bringen zeitgleich Ihren Rücken in eine gerade, angespannte Position zurück. Die Hände führen Sie gleichzeitig mit zunehmend fester werdender Faust in Bauchhöhe. Stehen Sie wieder gerade und haben auf 3x tief eingeatmet, halten Sie den Atem kurz an und zählen auf drei. Somit gewährleisten Sie, dass sich Ihre Lunge etwas dehnen und beim nächsten Durchgang noch mehr Luft aufnehmen kann. Dann atmen Sie langsam und lang aus, als würden Sie alles Negative damit loslassen. Diesen Vorgang wiederholen Sie 3mal. Sie werden merken, dass Ihr System gleich mehr Energie bekommt und Ihr Körper mehr Spannung sowie ein besseres Wohlbefinden aufweist. Ganz gleich dem Gesetzt der Thermodynamik, das besagt - ohne Kraft, keine Energie! Gerne berücksichtigen Sie dies künftig öfter einmal in Ihrem Leben und es wird Ihnen viel zurückgegeben.

Eine weitere Möglichkeit zu mehr Spaß, Freude und Zufriedenheit im Leben zu gelangen ist Dankbarkeit.

Dankbarkeit, ist meine letzte Amtshandlung bevor ich abends das Licht ausmache. Ich versetze mich in einen Gedanken, überlege mir was an diesem Tag alles Gutes in mein Leben getreten ist. Notiere mir einige wichtige Ereignisse des Tages, für die ich an dieser Stelle ganz besonders Dankbar bin.

Warum, ich das mache? Weil dies alle erfolgreichen Leute so machen. Warum diese das tun? Dies erklärt sich theoretisch von selbst. Geht man nämlich mit einem positiven Gefühl, bzw. Gedanken schlafen, kommt man schneller zu innerlicher Ruhe. Zugleich stärkt man dadurch seinen Selbstwert, da man seinen Taten mehr Aufmerksamkeit und Achtung schenkt. Zunehmend sich selbst und das Leben auf eine richtige Weise schätzen lernt. Mit ganz anderen Augen beginnt, das Ganze zu sehen.

Das Wort Ge"DANKE" gibt es bereits selbst vor. Wieso? Wenn man Dankbarkeit zeigt, fühlt oder auch praktiziert, bestätigt man sich selbst, dem Universum und seinem Umfeld innere Zufriedenheit. Das wiederum verstärkt das gesamte Erscheinungsbild und fördert zugleich die eigene Grundeinstellung. Was zur Folge hat, dass es einem gut geht und man sich gut fühlt, gut Gespräche führen kann und positiv wahrgenommen wird.

Nehmen wir zum Beispiel meinen neuen Lieblingsohrwurm von Astrid Kuby & Michael Mosaro den „Körperzellen Rock - Jede Zelle Meines Körpers ist Glücklich", mit folgendem Inhalt:

„Jede Zelle meines Körpers ist glücklich,
jede Körperzelle fühlt sich wohl.
Jede Zelle, an jeder Stelle,
jede Zelle ist voll gut drauf."

Wenn man sich diesem annimmt und drei bis viermal hintereinander vor sich her oder auch nur im Geiste singt, wird man automatisch in kürzester Zeit wieder gut gelaunt, vergisst warum man eigentlich sauer beziehungsweise deprimiert ist und verändert umgehend seine Perspektive. Findet neue Wege und sieht positive Alternativen.
Demnach ist es erforderlich, wenn man glücklich sein möchte, dass man dankbar für sein Leben ist, es visualisiert und als ein Gutes annimmt. Immer nett anderen Menschen gegenüber auftritt, viel lacht und sich selbst kleidet wie es einem gut tut und gefällt. So wird man vom Umfeld positiver wahrgenommen und schlussendlich auch dankbarer angenommen.

Wie Louise L. Hay in einem Ihrer tollen Kinderbücher „Lulu und die Ente Willy" so schön erklärt; *„Was du über dich selber denkst, wird nämlich wahr. Daher solltest du besser nicht schlecht über dich denken."* oder auch folgender Dialog: *„Weißt du denn nicht, dass der allerbeste Freund, den du überhaupt haben kannst, du selbst bist?!"*

Warum man selbst? Nicht weil die ganze Welt schlecht ist, nein weil es wichtig ist, dass man sich selbst am meisten mag. Denn nur dann ist man in der eigenen Energie und strahlt Zufriedenheit und Selbstsicherheit aus.

> Demzufolge sollte jeder persönlich der Architekt seines Lebens sein. Alles im Universum besteht aus Energie. **Nutzen Sie diese!**

„Glück, Wohlstand, Gesundheit, Zufriedenheit ist das, was man selbst daraus macht!"
Nicole Engelhardt

Wie kann man noch seine Motivation zurückerlangen und spitze in einen neuen Tag starten?
Eine meiner allerliebsten und ich behaupte eine der am schnellsten wirkenden und durchführbarsten Techniken, ist die „Grins Übung". Bei uns zu Hause nennen wir diese so, damit unsere Kinder Sie besser verstehen, mitmachen oder auch selbstständig durchführen können. Wie dies funktioniert, ist ganz einfach. Man stellt sich am besten vor einen Spiegel, eine ganze Minute lang, 60 Sekunden. Das was man da erblickt, durchaus möglich, es kommt auf die Tageszeit sowie die aktuelle Form an, dass dies einen nicht sehr erfreut, in diesem einen Augenblick. Bleiben Sie in so einem Fall hart, bleiben Sie dran, belächeln es lieber und machen weiter.

Nun ist es an der Zeit zu grinsen, zu grinsen was das Gesicht hergibt. Man stellt sich praktisch hin und grinst sich übertrieben an. Diese Übung darf sehr wohl komisch aussehen, etwas albern oder unprofessionell wirken und sich gleichzeitig in der Wangenmuskulatur bemerkbar machen.
Um sich davon überzeugen zu können, probieren Sie es am besten selbst oder sogar gleich einmal aus. Das Gute an dieser Übung ist, dass sie überall und jederzeit durchgeführt werden kann, auch wenn mal gerade kein Spiegel in der Nähe ist. Sie merken rasch, wenn Sie diese Übung durchführen, wie Sie Ihre Emotionen in eine positive Richtung führen.

Nur 60 Sekunden am Morgen, können so viele Glückshormone frei setzen, dass es über den ganzen Tag ausreicht. Dabei darf zugegeben keine „Meckerphase" dazwischen kommen. Denn sobald man sich auf etwas Negatives konzentriert und länger als fünf Minuten über etwas oder auch jemand schimpft, geht die Energie für den Rest des Tages verloren. Das ist sehr schade, denn häufig kommt es vor, dass man sich gerne über Kleinigkeiten längere Zeit aufregen kann.
Zum Beispiel, wenn die Kollegin im Geschäft morgens nicht grüßt oder zu Hause jemand nicht seine zugeteilte Aufgabe erledigt hat oder jemand einem plötzlich die Vorfahrt auf der Straße nimmt, bei Rot über die Ampel fährt oder sogar selbst wenn einer bei grün an der Ampel stehen bleibt. Überall und an jeder Ecke lauern Gefahren, die den Tag unverzüg-

lich schlechter werden lassen können. Schon die kleinsten Dinge können einen aus der Bahn werfen.

Gerade hier sind eine positive Alternative und mehr Spaß gefragt. Also gleich ran an die Wangen und grinsen was das Zeug hält. Ein kleiner Tipp. Passen Sie in der Öffentlichkeit ein klein wenig darauf auf, wer Sie sehen könnte. Denn ist es derjenige, der Sie gerade etwas mit seiner Art provoziert hat, könnte dieser es eventuelle etwas falsch verstehen und sich dadurch angegriffen fühlen. Beispielsweise ein Familienmitglied ärgert Sie und Sie machen vor ihm sofort diese Übung. Ihnen ist klar, Sie verstehen was ich damit meine? Ihr Gegenüber könnte das als ein Auslachen wahrnehmen und komplett anders Werten! Somit durchaus mit einem Angriff darauf reagieren.

Kennen Sie auch Menschen, denen es immer furchtbar geht, die sich immer negativ ausdrücken, an Allem etwas Schlechtes finden, die aus jeder Situation eine grauenvolle Erfahrung machen? Wie steht es in Gegenwart dieser Personen, um Ihre eigene Motivation? In meinem Leben vor Think Pink, kannte ich auch einige von jenen Menschen. Sei es im privaten Leben oder bei der Arbeit, egal wo ich Kontakt mit nörgeligen, unzufriedenen Personen hatte, dauerte es nicht lange und ich war gleichermaßen kurz darauf ebenso schlecht gelaunt und unzufrieden.
Und exakt das ist der Grund warum es besser ist in einem ‚Gute Laune' Kreislauf zu bleiben.

Dadurch werden anstandslos eigene Leistungsreserven, positive Anreize, Fähigkeiten, gleichzeitig soziale Kompetenzen mobilisiert und verstärkt. So beginnt man synchron sich selbst zu motivieren, zu akzeptieren und etwas für seine eigene Persönlichkeit zu tun.

Denn „Je mehr man für sich selbst tut, umso mehr kann man für anderer tun." Das wiederum motiviert und bringt viel Gutes zurück, vor allem Zufriedenheit, Lebensqualität und Glück.

> Setzen Sie sich Ziele und geben diesen einen Sinn. Schreiben Sie ein Erfolgstagebuch, mit all Ihren erreichten Erfolgen. Zeigen Sie Dankbarkeit, gestalten Sie Ihre Einstellung und Formulierungen positiv. Nutzen Sie die Kraft aus Konzentrationsdüften, der Sonne oder sprechen Sie positive Affirmationen.

Viel Kälte ist unter den Menschen,
weil wir nicht wagen,
uns so herzlich zu geben,
wie wir sind.

Albert Schweizer

Kreativer Raum für Notizen, Anregungen und Ideen.

Dank sei Ihnen

Meinen abschließenden Worten, möchte ich nachfolgendes Zitat vorweg schicken.

„Nichts wird so unwiederbringlich versäumt, wie die Gelegenheit, die sich täglich bietet!"
Marie von Ebner-Eschenbach

Ein weißer Mann hat mir einmal gesagt; „Ein Leben zu verändern, kann Monate, ja sogar Jahre dauern. Eine Entscheidung zu treffen, hingegen nur eine Sekunde.".
Daher nutzen Sie die Gunst der Stunde, um jeden Tag, zum schönsten in Ihrem Leben zu machen. „Das Leben ist schön, so schön wie Sie es sich vorstellen!"
Jeder Tag ist ein neuer Anfang. Jeder Tag kann und sollte als etwas Besonderes gelebt werden. Geben Sie jedem Tag die Chance, der schönste zu werden! Jeden Tag, machen Sie das Beste daraus! Jeden Tag, dürfen Sie neue Entscheidungen treffen, die Sie dahin bringen wo Sie ankommen wollen. Jeder Tag, ist der wichtigste Tag Ihres Lebens. Verschenken Sie diesen einen nächsten Tag nie!

Machen Sie es besser, als viele andere Menschen:

- Kommen Sie raus aus Ihrer Komfortzone!
- Überraschen Sie sich selbst!
- Machen Sie spontan was Verrücktes!
- Wenn es nicht weitergeht, wechseln Sie besser die Perspektive, nicht gleich die Straßenseite!
- Leben Sie!
- Haben Sie Spaß bei dem was Sie tun und wenn Sie keinen Spaß mehr haben, dann tun Sie etwas anderes!
- Machen Sie sich und Ihr Umfeld glücklich!
- Gestalten Sie sich ein positives, lebensfrohes und gesundes Leben.
- Lachen Sie!

„Und wenn das, was Du tust,
Dich nicht weiterbringt,
dann tu etwas völlig anderes,
statt mehr vom gleichen Falschen!"

Paul Watzlawick

Jeder einzelne trägt die Verantwortung für sein Leben und entscheidet selbst, auf welchem Ohr er Hören oder durch welche Brille er schauen möchte. Rosarot oder schwarz, es liegt in Ihrer Hand. Meine Sichtweise ist definitiv ‚Think Pink'.
Denn wie Sie etwas sehen, entscheiden Sie allein. Ebenso wie Sie Ihre Realität jederzeit selbst verändern können, können Sie Ihr Leben in eine gesunde und glückliche Bahn lenken.

Mit Hilfe von ‚Think Pink - Der positiven Alternative', haben Sie die Gelegenheit Ihr Leben zu bereichern. Ob als E-Book, Hörbuch, Seminar oder Workbook, Sie entscheiden selbst, was oder wie Sie etwas für sich und Ihre Zukunft tun.

Testen Sie es, glauben Sie an Ihre Zukunft mit mehr Lebensqualität! Der Glaube geht immer einer Tat voraus. Daher tun Sie sich selbst den Gefallen und kommen Sie ins Handeln! Es reicht nicht, es nur zu lesen. Nein, Sie müssen es auch anwenden. Wenn Sie nur eins von diesem Buffet mitnehmen und umsetzen, sind Sie schon anderen um Meilen voraus.

Am besten beginnen Sie mit der Umsetzung gleich in den nächsten 72 Stunden. Genießen Sie Ihr Leben! Sie sind der Hauptdarsteller und das Wichtigste darin!

Was mir wichtig ist Ihnen zu sagen:

Bitte denken Sie stets positiv über andere Menschen, ebenso über bestimmte Lebenssituationen. Wir ernten was wir säen. Verschenken Sie daher viele positive Gedanken und noch mehr freundliche Worte und Blicke.

Der Weg in ein positives und erfülltes Leben, liegt spätestens ab sofort in Ihrer Hand. Übernehmen Sie Verantwortung, bleiben Sie sich selbst treu und lassen Sie künftig nicht andere Menschen Ihr Leben bestimmen! Das Leben ist schön, so schön wie Sie es sich vorstellen.

Think Pink

Herzlichst Ihre
Nicole Engelhardt

Auf dem Weg
in ein positives und erfülltes Leben!

„Bist du heute da, wo du nicht sein möchtest,
dann sei bereit ab morgen da zu sein,
wo du es dir vorstellen kannst."

Nicole Engelhardt

Das LIGA-Prinzip der Persönlichkeit

Bei dem „LIGA-Prinzip der Persönlichkeit" handelt es sich um **eine Variante der** positiven Weiterentwicklung, bzw. Persönlichkeitsentfaltung.

- Es unterstützt und fördert die persönlichen sowie beruflichen Erfolge.

- Zeichnet auf, welche Alternativen, Möglichkeiten und Ziele es für jeden einzelnen tatsächlich gibt.

- Hilft bei bestimmten Erkenntnissen, die richtigen Entscheidungen herauszufinden und umzusetzen.

- Bringt Klarheit in die unterschiedlichsten Bereiche und Themen des eigenen Lebens.

- Liefert Informationen und Chancen zum persönlichen Wachstum.

- Lässt andere Perspektiven klar und deutlich werden.

Das LIGA-Prinzip ist demnach eine Fertigkeit, eine Technik, welche die eigenen Potenziale aufdeckt, alle fünf Sinne integriert und die Aufmerksamkeit auf die eigene Person, inklusive dem Selbstwert lenkt. Das LIGA-Prinzip zeigt neue Wege auf und findet Lösungen zur Zielerreichung. Es fördert und unterstützt in 4 wesentlichen, sehr wichtigen Punkten.

1. **LIEBE** - Leben mit Leidenschaft

2. **INFORMATION** – Interesse an Wissen

3. **GLAUBE** – Gedanken als Grundstein

4. ***AUSDAUER** – Aktiv bleiben*

Geben Sie sich die Chance auf ein positives und erfülltes Leben mit mehr Freude, Erfolg, Spaß, Gesundheit und Lebensqualität!

> Wenn Du etwas Anderes haben willst,
> musst Du etwas Anderes tun!
>
> Paul Watzlawick

Mehr Infos finden Sie unter © www.liga-prinzip.de

Quellenverzeichnis / Literatur

Mike Dierssen	Der Verkaufsmotivator	978-3-934784-27-7
Jürgen Höller	Vitamine für die Seele	978-3-9811566-3-8
Nikolaus B. Enkelmann	Erfolgsprinzipien der Optimisten	978-3930799510
Brian Tracy Nikolaus B. Enkelmann	Hörbuch: Der Erfolgsnavigator	978-3940081-22-3
Louise L. Hay	Lulu und die Ente Willy	978-3939373292
Napoleon Hill	Erfolg durch positives Denken	978-3-424-20042-3
Dale Carnegie	Sorge dich nicht - lebe!	978-3-596-50692-7
Richard Bach	Die Möwe Jonathan	3-548-20897-5
Nicole Engelhardt	Think Pink – Die positive Alternative	978-3743-1808-1-9
Dale Carnegie	Wie man Freunde gewinnt	978-3-596-51308-6
Brian Tracy	Thinking Big	978-3-930799-73-2
Anthony Robbins	Grenzenlose Energie - Das Power Prinzip	978-3-548-74227-4
Jürgen Höller	Alles ist möglich	978-3-9811566-2-1
Nicole Engelhardt	Das LIGA-Prinzip der Persönlichkeit	978-3744-8393-8-9
Birgit Westerbusch	Glücksmomente – Lache, Liebe, Lebe	978-3741-2503-5-4

*„Nichts ändert sich,
ausser wir uns."*

Nikolaus B. Enkelmann